국어
교과서
따라쓰기

1-2

스쿨존에듀
SCHOOLZONE

공부습관 잡기, 교과서와 친해지자!

초등학교 저학년 때는 공부습관을 만드는 게 필요합니다. 먼저 엉덩이를 의자에 붙이고 바르게 앉는 법부터 배웁니다. 짧은 시간이어도 괜찮습니다. 집중해서 쓰고 읽고 생각하는 시간을 매일 일정하게 갖게 하세요. 특히 유아 때부터 스마트폰에 익숙하여 손힘이 약한 요즘 어린이들에겐 써보는 연습이 필요합니다. 쓰기 위해서는 책상 앞에 앉아야 하니 공부하는 습관도 길러지겠지요.

초등학교 저학년에서 쓰기를 연습하는 데 국어 교과서는 참 좋은 교재랍니다. 듣기, 말하기, 읽기, 쓰기, 문법, 작품감상까지 망라돼 있습니다. 얇은 교과서 안에 그 많은 게 다 들어가 있나 싶겠지만 영역별로 골고루 배울 수 있게 돼 있습니다. 해당 학년에서 꼭 알아야 할 성취 기준에 맞춰 집필되었으니까요.

이 책은 2024년부터 시행된 개정 교육과정에 따른 국어 1-2(가·나), 국어활동 교과서를 충분히 소화할 수 있게 만들었습니다. 먼저 큰 소리로 읽고 한 자 한 자 또박또박 쓸 수 있게 지도해 주세요. 손힘도 키우고, 글자도 익히고, 낱말도 배우고, 문장도 익혀 글을 읽는 재미를 한층 더 느끼게 해줍니다.

책의 구성

먼저, 연필 바로 잡는 법, 책상에 바르게 앉는 법, 자음·모음을 배우고, 글자 쓰기를 배웁니다. 그다음, 교과서 각 단원에 나오는 꼭 알아야 할 낱말(명사, 동사, 의성어, 의태어 등)과 맞춤법, 문장(그림 동화, 동시 등)을 따라 써볼 수 있게 하였습니다. 사이사이 재밌게 놀며 배우는 놀이터도 있습니다. 순서에 따라 한 자 한 자 힘 있게 써 나가다 보면 인내심과 집중력이 생기고 예쁜 글씨체까지 만들어진답니다. <국어 교과서 따라쓰기>를 마스터하여 학교생활을 더 자신 있게 할 수 있게 도와주세요!

컨텐츠연구소 수(秀)

차례

글씨를 쓸 때 바른 자세 ·········· 4

연필을 바르게 잡는 방법 ·········· 6

자음 모음을 써 보세요 ·········· 8

자음 모음으로 글자를 만들어요 ·········· 12

놀이터 상자에 넣어 보세요 ·········· 14

1단원 기분을 말해요 ·········· 15

놀이터 풍선을 찾아 보세요 ·········· 26

2단원 낱말을 정확하게 읽어요 ·········· 27

놀이터 낱말을 써 보세요 ·········· 36

3단원 그림일기를 써요 ·········· 37

놀이터 그림일기로 써 보세요 ·········· 46

4단원 감동을 나누어요 ·········· 47

놀이터 문장을 완성해 보세요 ·········· 58

5단원 생각을 키워요 ·········· 59

놀이터 낱말을 찾아 보세요 ·········· 70

6단원 문장을 읽고 써요 ·········· 71

놀이터 다른 부분을 찾아 보세요 ·········· 82

7단원 무엇이 중요할까요 ·········· 83

놀이터 길을 찾아 보세요 ·········· 92

8단원 느끼고 표현해요 ·········· 93

놀이터 숨은그림찾기 ·········· 102

글씨를 쓸 때 바른 자세에 대해 알아봅시다

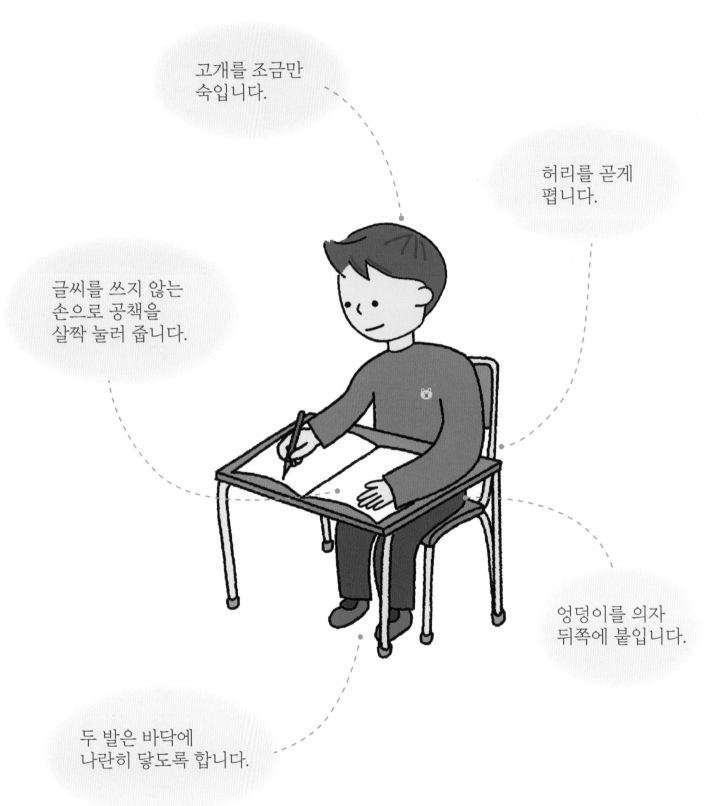

고개를 조금만 숙입니다.

허리를 곧게 폅니다.

글씨를 쓰지 않는 손으로 공책을 살짝 눌러 줍니다.

엉덩이를 의자 뒤쪽에 붙입니다.

두 발은 바닥에 나란히 닿도록 합니다.

나쁜 자세는 안돼요

▶ 의자 끝에 엉덩이를 걸치는 친구들 있지요?
반쯤 감긴 눈 엉거주춤한 자세는 바른 글쓰기의
적이랍니다.

▲ 턱을 괴면 잠이 쏟아진답니다.
여기에 다리까지 흔들면 글씨도
따라서 춤을 추겠지요?

▲ 와우~ 다리를 꼬셨네요!
다리를 꼬지 마세요.
온 신경이 발끝에 쏠리는 것 같아요.

연필을 바르게 잡아봅시다

엄지손가락과 집게손가락의 모양을 둥글게
하여 연필을 잡습니다.

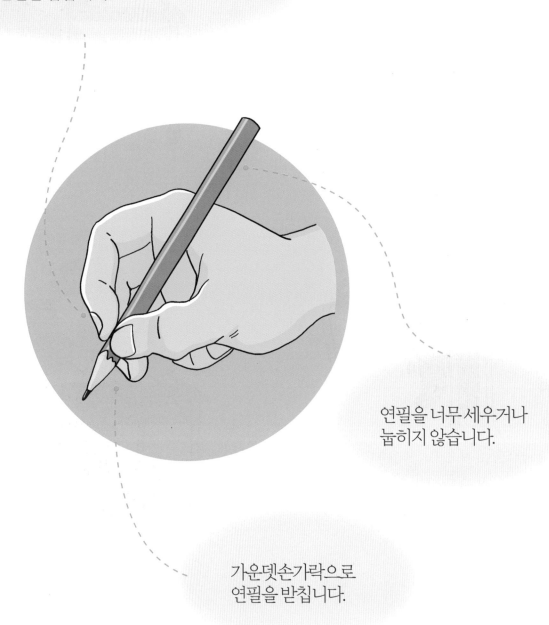

연필을 너무 세우거나
눕히지 않습니다.

가운뎃손가락으로
연필을 받칩니다.

습관이 잘못 들면 고치기 힘들어요!

이렇게 쥐면 손가락이 아파요.
글씨를 오랫동안 쓰지 못하게 돼요.

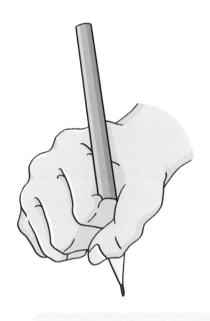

주먹을 불끈 쥐었네요.
몇 자 쓰지 않아 연필이
부러질 것 같아요.

손가락 사이가 너무 벌어졌어요.
연필이 흘러내릴 것 같아요.
당연히 글씨에 힘이 없겠죠?

자음을 바르게 써 보세요

 순서에 맞게 자음을 따라 써 보세요.

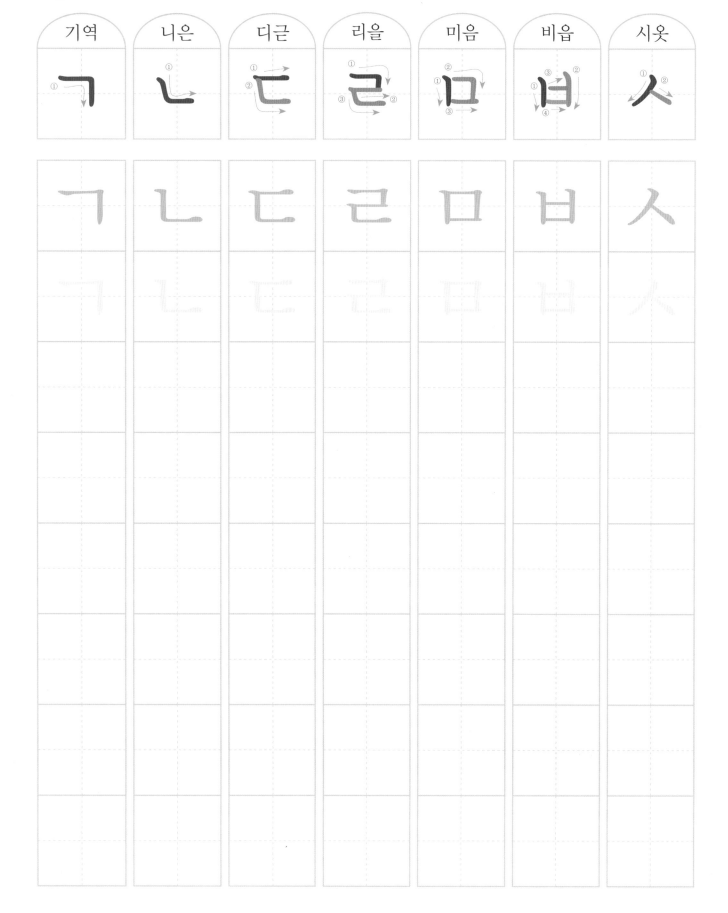

기역	니은	디귿	리을	미음	비읍	시옷
ㄱ	ㄴ	ㄷ	ㄹ	ㅁ	ㅂ	ㅅ
ㄱ	ㄴ	ㄷ	ㄹ	ㅁ	ㅂ	ㅅ

순서에 맞게 자음을 따라 써 보세요.

이응	지읒	치읓	키읔	티읕	피읖	히읗
ㅇ	ㅈ	ㅊ	ㅋ	ㅌ	ㅍ	ㅎ
ㅇ	ㅈ	ㅊ	ㅋ	ㅌ	ㅍ	ㅎ

모음을 바르게 써 보세요

 순서에 맞게 모음을 따라 써 보세요.

아	야	어	여	오

순서에 맞게 모음을 따라 써 보세요.

요	우	유	으	이
ㅛ	ㅜ	ㅠ	ㅡ	ㅣ
ㅛ	ㅜ	ㅠ	ㅡ	ㅣ

| ㅏ | ㅑ | ㅓ | ㅕ | ㅗ | ㅛ | ㅜ | ㅠ | ㅡ | ㅣ |

ㄱ ㄴ ㄷ ㄹ ㅁ ㅂ ㅅ ㅇ ㅈ ㅊ ㅋ ㅌ ㅍ ㅎ

가갸거겨고교구규그기... 따라 쓰며 읽어봐요

한글놀이

	ㅏ	ㅑ	ㅓ	ㅕ	ㅗ	ㅛ	ㅜ	ㅠ	ㅡ	ㅣ
ㄱ										
ㄴ										
ㄷ										
ㄹ										
ㅁ										
ㅂ										
ㅅ										
ㅇ										
ㅈ										
ㅊ										
ㅋ										
ㅌ										
ㅍ										
ㅎ										

 선을 그려 장난감을 상자에 넣어 보세요.

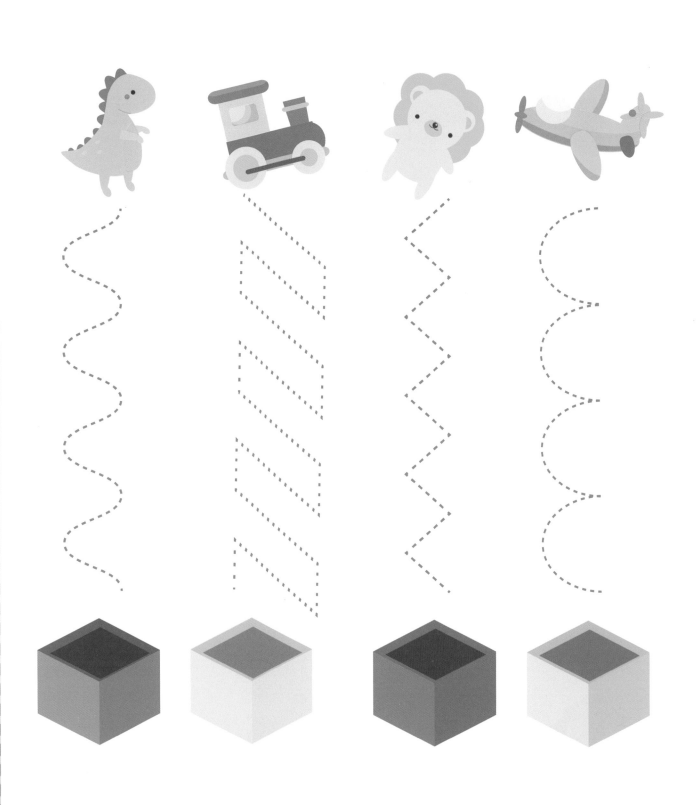

 기분을 나타내는 말을 찾아 연결해 보세요.

· · 즐거워요

· · 무서워요

· · 화나요

 기분을 나타내는 말을 찾아 연결해 보세요.

 ·

· 궁금해요

 ·

· 고마워요

 ·

· 놀라워요

모양을 나타내는 말을 찾아 연결해 보세요.

살랑살랑 •

흔들흔들 •

둥실둥실 •

 소리를 나타내는 말을 찾아 연결해 보세요.

바스락 •

•

까르륵 •

•

휘휘 •

•

1 낱말을 따라 써 보세요

 기분을 나타내는 말을 따라 써 보세요.

답답해요　　뿌듯해요

부러워요　　속상해요

웃겨요　　걱정돼요

 흉내 내는 말을 따라 써 보세요.

가만가만

꼬불꼬불

꼴깍꼴깍

꾸벅꾸벅

대롱대롱

복슬복슬

낱말을 따라 써 보세요.

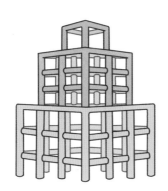

정	글	짐

뜀	틀

 낱말을 따라 써 보세요.

번	개

찌	지	직

보	석

선	물

 낱말을 따라 써 보세요.

멋진 성 와장창

화산 우르릉 쾅쾅

빗방울 후두둑

 흉내 내는 말을 찾아 연결해 보세요.

사뿐사뿐 •

찰랑찰랑 •

재잘재잘 •

 <난 네가 부러워>에 나오는 문장을 따라 써 보세요.

머	리	카	락	은		매	끈	매	끈

곱	슬	머	리		사	랑	스	럽	게

난		네	가		부	리	워		

아 파 서 　 잉 잉 , 흑 흑 ,

기 뻐 서 　 엉 엉 , 훌 쩍 ,

눈 물 이 　 그 렁 그 렁 .

 호수에 반사된 풍선을 찾아 보세요.

 쌍받침 및 겹받침이 있는 낱말을 따라 써 보세요.

끓다　닳다　옳다

낚다　묶다　닦다

밟다　짧다

2 글자를 공부합시다

 받침이 있는 글자의 짜임을 생각하며 따라 써 보세요.

붉다

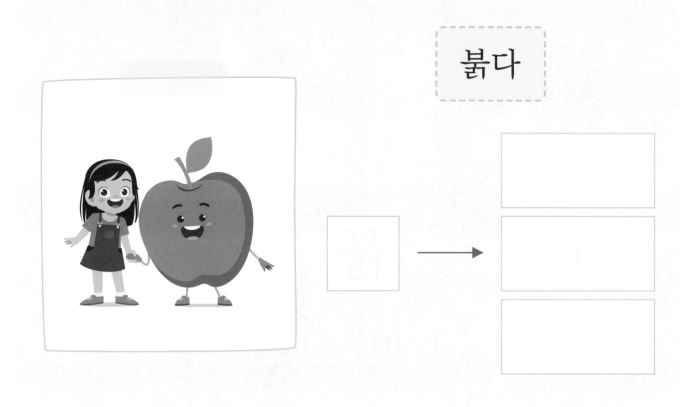

얇다

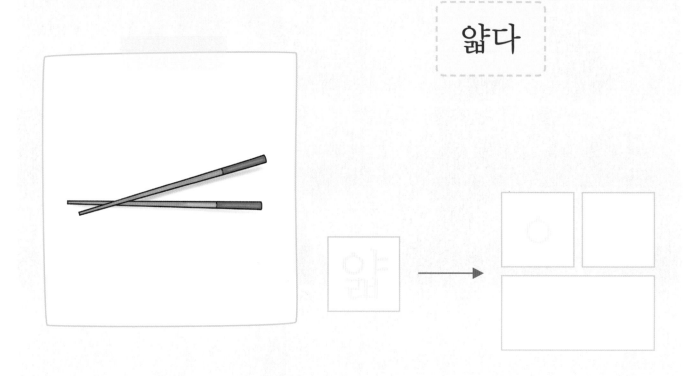

삶다

약값

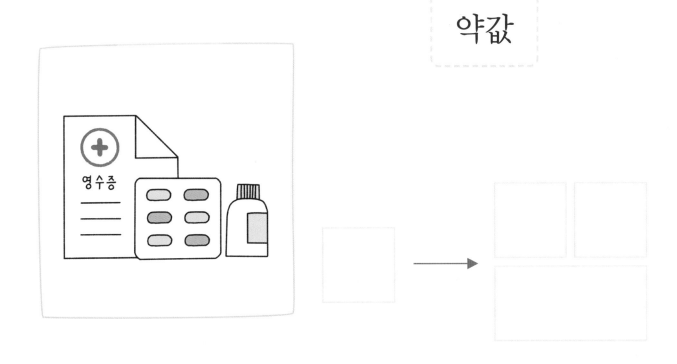

두 낱말에 공통으로 들어가는 받침을 쓰고 따라 써 보세요.

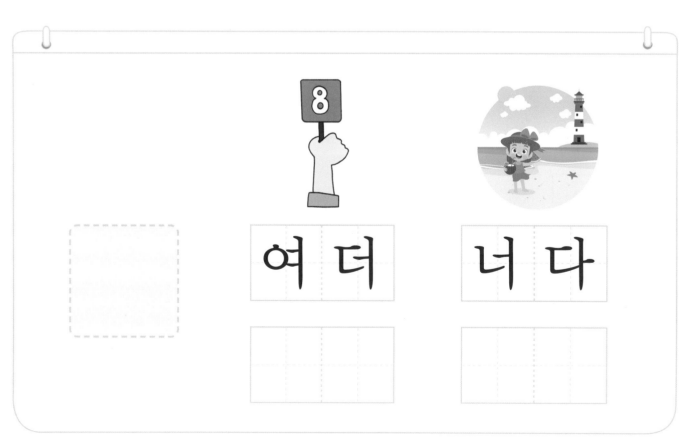

아다   어다

하다   후다

 그림에 어울리는 낱말을 찾아 문장을 완성해 보세요.

보기

| 읽었다 | 못 | 앓았다 |

내 ☐ 으로 음식을 남겨 놓았다.

나는 무대에서 시를 ☐ .

감기로 며칠 동안 ☐ .

 낱말을 따라 써 보세요.

참외씨

불빛

팔꿈치

들판

먼지

날개

<대단한 참외씨>에 나오는 문장을 따라 써 보세요.

"휴, 간신히 살았네.

하마터면 잡아먹힐

뻔했어."

쓰윽 입을 닦아요.

〈복도에서 걸어 다니자〉에 나오는 문장을 따라 써 보세요.

복도에서 뛰면 다칠

수도 있고 물건에

부딪쳐서 망가질 수

도 있습니다.

 바르게 쓴 문장을 찾아 ○표를 하고 따라 써 보세요.

감기를 앓다. ○

감기를 알다. ○

짐을 옮기다. ○

짐을 옴기다. ○

삶은 감자 ○

삶믄 감자 ○

3 낱말을 따라 써 보세요

 그림일기에 들어가야 할 내용을 따라 써 보세요.

날 짜   요 일   날 씨

그 림   글   경 험 한   일

생 각   느 낌   문 장

발표하는 자세에 관한 문장을 따라 써 보세요.

알맞은 크기 목소리

바른 자세로 서서

듣는 사람 바라보며

자세히 정리해서

 낱말을 따라 써 보세요.

탐 험 가

치 즈

농 장

과 수 원

사 과 를

땄 다

 낱말을 따라 써 보세요.

현 장	체 험	학 습

준 비 물	안 내	집 중

쓰 레 기	봉 지

낱말을 따라 써 보세요.

늦잠	세수	맑음	비

안내견	보호자

3 문장을 완성해 보세요

 그림을 보고 보기에서 해당되는 낱말을 찾아 문장을 완성해 보세요.

보기

동화책   가방   청소

학교에 _____ 을 메고 갔습니다.

친구와 _____ 을 읽었습니다.

열심히 방 _____ 를 했습니다.

정답은 p103

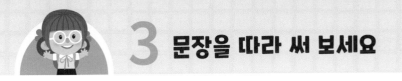
3 문장을 따라 써 보세요

 〈나는 안내견이야〉에 나오는 문장을 따라 써 보세요.

안	내	견		학	교	에	서		배

운	대	로	,	열	심	히		할	

거	예	요	.	날		신	기	하	게

바	라	보	는		사	람	들	도	

 <나는 안내견이야>에 나오는 문장을 따라 써 보세요.

많고요. 그렇지만 난

한눈팔지 않아요. 부

딪히지 않게 길에만

집중할 거예요.

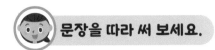 문장을 따라 써 보세요.

방해하면 안 돼.

먹을 만큼만 담아

귀 기울여 듣는다.

흠뻑 젖었습니다.

 경험한 일을 그림일기로 써 보세요.

2○○○년 ○월 ○일 ○요일   날씨:

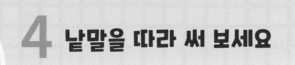

 시간을 나타내는 낱말을 따라 써 보세요.

깊은 밤 이튿날

며칠 뒤 일찍

어느 날 아침 저녁

 〈양치기 소년〉에 나오는 낱말을 따라 써 보세요.

심 심 해 서	거 짓 말

또 다 시	이 번 에 도

그 제 야	진 짜 로	그 냥

 낱말을 따라 써 보세요.

형	제	자	매	마	을

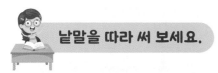 낱말을 따라 써 보세요.

주	인	공	만	화	영	화	장	면

 낱말을 따라 써 보세요.

미 역 무 침   맷 돌

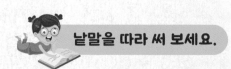 낱말을 따라 써 보세요.

늦 지   않 게   외 쳤 습 니 다

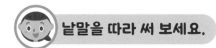 낱말을 따라 써 보세요.

거 북 알   숲   구 덩 이

 낱말을 따라 써 보세요.

옛 날   옛 적 에   궁 궐

 〈소금을 만드는 맷돌〉에 나오는 문장을 따라 써 보세요.

"나와라, 밥!"

"그쳐라, 밥!"

신기한 맷돌이 있다

네. 귀한 물건을 많

이 언을 수 있어.

고약한 마음을 먹고

모두 잠든 사이

서둘러 배를 타고

바다를 건너 멀리

도망가려고 했습니다.

 <소금을 만드는 맷돌>에 나오는 문장을 따라 써 보세요.

하얀 소금이 쏟아져

배가 기우뚱거리기

바닷속에 가라앉고

맷돌은 쉬지 않고

짜게 되었습니다.

4 낱말을 따라 써 보세요

 낱말을 따라 써 보세요.

도	둑		배		바	닷	속

 낱말을 따라 써 보세요.

저	절	로	쌓	여	갔	습	니	다

 〈양치기 소년〉에 나오는 문장을 따라 써 보세요.

아	침		일	찍		양		떼	를

몰	고		풀	밭	으	로		갔	어

요	.		심	심	한		양	치	기

소	년	은		장	난	을		치	고

싶	었	어	요	.					

"쳇, 거짓말쟁이. 우

리가 또 속을 줄

알고?"

마을 사람들은 아무

도 오지 않았어요.

 동작을 나타내는 말을 넣어 문장을 완성해 보세요.

숙제를 _____.

노래를 _____.

음료수를 _____.

문을 _____.

선물을 _____.

모자를 _____.

정답은 p103

 낱말을 따라 써 보세요.

한 글

세 종 대 왕

백 성

자 음 자

모 음 자

 첫 자음자가 같은 낱말을 따라 써 보세요.

글자

게임

다람쥐

도토리

무선

마법

와 이 파 이

ㅇ

요 술

전 자 우 편

ㅈ

재 주

컴 퓨 터

켤 레

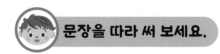 문장을 따라 써 보세요.

시 간 이　무 척　빨 리

지 구 는　아 름 다 울 까

사 람 이　갈　수　없 어

누 군 가 가　붙 잡 으 면

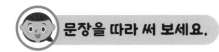 문장을 따라 써 보세요.

발걸이와 손잡이를

잡히지 않았다고

한자로만 한글을 썼

을 때

 단원과 관련있는 받침이 같은 낱말을 따라 써 보세요.

충 전

화 면

인 터 넷

금 도 끼

묶 음

삼 겹 살

 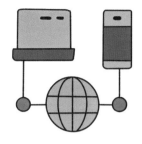 

흥미   통신망   별명

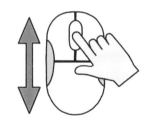  

스크롤   메일   겨울철

 <그래, 책이야>에 나오는 문장을 따라 써 보세요.

이 건 책 이 거 든 .

뭘 할 수 있 어 ?

내 책 돌 려 줄 래 ?

충 전 할 필 요 없 어 .

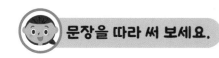 문장을 따라 써 보세요.

종이 한 장

수저 한 벌

노트북 한 대

나무 한 그루

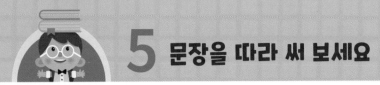

 <너무너무 어려운 훌라후프 돌리기>에 나오는 문장을 따라 써 보세요.

| 훌 | 라 | 후 | 프 | 가 | | 금 | 방 | | 뚝 |

| 잘 | | 돌 | 리 | 고 | | 싶 | 어 | 서 | |

| 포 | 기 | 하 | 지 | | 않 | 고 | | 노 | 력 |

| 기 | 특 | 하 | 다 | 고 | | 칭 | 찬 | 해 | |

〈우주〉에 나오는 문장을 따라 써 보세요.

우 주 선 　 안 의 　 물 건 도

둥 둥 　 떠 다 녀 요 .

묶 거 나 　 어 딘 가 에 　 붙

여 　 두 어 야 　 해 요 .

 물건을 셀 때 쓰는 알맞은 낱말을 보기에서 찾아 보세요.

보기

다발   포기   대   권

배추 한 ☐

책 세 ☐

차 한 ☐

꽃 한 ☐

6 낱말을 따라 써 보세요

 단원과 관련있는 어려운 낱말을 따라 써 보세요.

깻잎　나뭇잎　냇가

햇살　달맞이　떡볶이

 낱말을 따라 써 보세요.

소 방 관　　부 탁　　불

신 고　　출 동　　건 물

안 전　　대 피　　위 험

 〈괜찮아 아저씨〉에 나오는 문장을 따라 써 보세요.

세	수	를		하	고		머	리

모	양	을		만	들	었	지	요	.

	"	오	,		괜	찮	은	데	?	"

머	리	카	락		숫	자	를		세

었	어	요	.

 〈괜찮아 아저씨〉에 나오는 문장을 따라 써 보세요.

낮	잠	을		자	는	데		새	들

이		포	르	르	.	한		올	이

쏘	옥	~		세		개	씩		묶

었	어	요	.	거	미	가		매	달

려		흔	들	흔	들	.			

가르마를 탔어요.

시소를 타고 오르락

내리락. 꼬불꼬불 말

았어요. 머리카락을

땋았어요.

 낱말을 따라 써 보세요.

공	작	새

꾀	꼬	리

깃	털

안	전	띠

기	찻	길

텐	트

6 바른 글자를 찾아 보세요

 단원과 관련있는 바르게 쓴 글자에 ○표 하고 따라 써 보세요.

낫 낟　닻 닷　빛 빗

  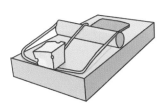

붓 붇　닭 닥　덫 덧

6 낱말을 따라 써 보세요

<우리 학교에 이상한 친구가 전학 왔어요>에 나오는 낱말을 따라 써 보세요.

전학

앞자리

적응

비공개

비밀

오존층

그늘

초대

눈곱

낱말을 따라 써 보세요.

생 일　　　선 물　　　피 아 노

전 구　　　배 드 민 턴　　　철 봉

 <우리 학교에 이상한 친구가 전학 왔어요>에 나오는 문장을 따라 써 보세요.

신 문 은 　 생 각 하 는 　 힘

을 　 길 러 　 준 다 고 　 했

대 요 . 유 기 농 　 재 료 로

만 든 　 당 근 　 컵 케 이 크

도 　 먹 었 어 요 .

박　터뜨리기　게임도

하고요.　레모네이드도

있었어요.　숨바꼭질도

했어요.　장대　달리기

에서　일　등　했어요.

 다른 부분 10곳을 찾아 ○표 해 보세요.

 〈자연은 발명왕〉에 나오는 낱말을 따라 써 보세요.

자 연　발 명 왕

문 어　빨 판　본 떠

칫 솔 걸 이　유 리 창

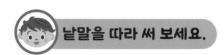 낱말을 따라 써 보세요.

아 나 바 다 행 사

아 껴 쓰 고 바 꿔 다 시

청 소 기 조 립 설 명 서

낱말을 따라 써 보세요.

도	꼬	마	리

열	매

가	시

낱말을 따라 써 보세요.

함	부	로

상	쾌	한

들	뜨	고

<진짜 일 학년 책가방을 지켜라!>에 나오는 문장을 따라 써 보세요.

탈탈 털어도

뚫어지게 쳐다봤어.

싹 사라졌는걸.

혼날 텐데.

벌써 세 번째니까.

얄	밉	게		끼	어	들	었	지	.

눈	을		흘	기	면	서	도		

얌	전	히		들	어		있	었	지	.

가	방	을		열	어	젖	혔	어	.

〈독도〉에 나오는 문장을 따라 써 보세요.

큰 섬 두 개와 작

은 바위섬 8 9 개

동쪽 끝에 위치한

밤에도 불을 밝혀

널리 알리고 보존

7 낱말을 따라 써 보세요

낱말을 따라 써 보세요.

술래잡기　돗자리

낱말을 따라 써 보세요.

동도　서도　독도　경비대

<아빠, 잠이 도망갔어!>에 나오는 문장을 따라 써 보세요.

빨 리　가 서　데 려 올 게 .

꼭 꼭　숨 었 나　봐 .

살 짝　도 망 갔 나　봐 .

잠　찾 으 러　출 동 !

7 낱말을 따라 써 보세요

 낱말을 따라 써 보세요.

개 미 집   수 목 원

 낱말을 따라 써 보세요.

화 살 나 무   짱 짱 나 무

놀이터

 농부가 들판으로 갈 수 있게 길을 찾아 보세요.

출발 ➡

도착

<브로콜리지만 사랑받고 싶어>에 나오는 문장을 따라 써 보세요.

쉿, 밤새도록 펑펑

뽀글뽀글 파마하면

내 착각이었어.

음~ 끝내주게 맛있

는 브로콜리수프

8 비슷한 말을 찾아 보세요

 마음을 나타내는 낱말과 비슷한 말을 찾아 ○표 해 보세요.

| 감사해요 | 미안해요 미워요 고마워요 |

| 미안해요 | 행복해요 감동이에요 죄송해요 |

| 뭉클해요 | 즐거워요 울컥해요 흐뭇해요 |

| 행복해요 | 답답해요 창피해요 기뻐요 |

| 무서워요 | 겁나요 보람차요 활기차요 |

정답은 p103

낱말을 따라 써 보세요

 낱말을 따라 써 보세요.

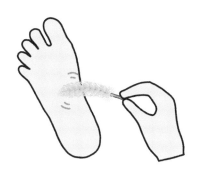

강아지풀　간질간질

 낱말을 따라 써 보세요.

덩달아 질렀어 허전해

〈인사〉에 나오는 문장을 따라 써 보세요.

늦	잠	을		자	서	,	기	분	이

좋	지		않	았	어	요	.	쳇	,

엄	마	는		왜		아	침	부	터

잔	소	리	야	!					

어! 옆집 아저씨네.

인사할까? 아냐, 오

늘은 그럴 기분이

아니야. 다음에 하지,

뭐. 아, 불편해.

8 마음을 나타내는 말을 써 보세요

 그림 속 마음을 나타내는 말을 써 보세요

보기

신나요   겁나요   창피해요   답답해요

 <바람에 날아간 깃털>에 나오는 문장을 따라 써 보세요.

말을 함부로 하는

청년은 자신의 잘못

을 조금도 뉘우치지

않았습니다.

"당신이 한 말도

8 문장을 따라 써 보세요

<바람에 날아간 깃털>에 나오는 문장을 따라 써 보세요

바람에 날아간 깃털

과 같습니다. 한번

내뱉으면 다시는 주

워 담을 수가 없으

니까요."

문장을 따라 써 보세요.

꾸벅꾸벅 졸고 있는

빈손으로 올 수밖에

잘 안되나 봐.

마음도 덩달아 신나.

 숨은 그림을 찾아 ○표 해 보세요.

정답

p26

호수에 반사된 풍선을 찾아 보세요.

p42

3 문장을 완성해 보세요

그림을 보고 보기에서 해당되는 낱말을 찾아 문장을 완성해 보세요.

보기   동화책   가방   청소

학교에 **가방** 을 메고 갔습니다.

친구와 **동화책** 을 읽었습니다.

열심히 방 **청소** 를 했습니다.

p58

동작을 나타내는 말을 넣어 문장을 완성해 보세요.

숙제를 **한다**   노래를 **부른다**

음료수를 **마신다**   문을 **열다**

선물을 **받다**   모자를 **쓴다**

p70

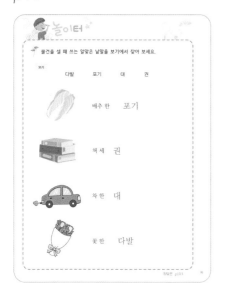

물건을 셀 때 쓰는 알맞은 낱말을 보기에서 찾아 보세요.

보기   다발   포기   대   권

배추 한 **포기**

책 세 **권**

차 한 **대**

꽃 한 **다발**

p77

6 바른 글자를 찾아 보세요

단어와 관련있는 바르게 쓴 글자에 ○표 하고 따라 써 보세요.

낫 닫   닻 닷   빛 빗
낫   닻   빛

붓 붇   닭 닥   덫 덧
붓   닭   덫

p82

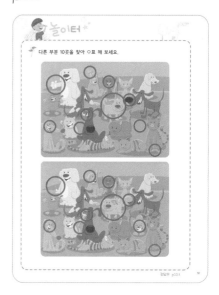

다른 부분 10곳을 찾아 ○표 해 보세요.

p92

농부가 들판으로 갈 수 있게 길을 찾아 보세요.

p94

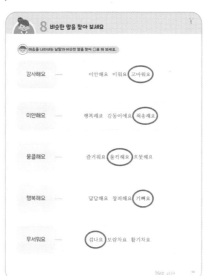

8 비슷한 말을 찾아 보세요

마음을 나타내는 낱말과 비슷한 말을 찾아 ○표 해 보세요.

감사해요 — 미안해요 미워요 (고마워요)

미안해요 — 행복해요 감동이에요 (죄송해요)

뭉클해요 — 즐거워요 (울컥해요) 호뭇해요

행복해요 — 답답해요 창피해요 (기뻐요)

무서워요 — (겁나요) 보람차요 활기차요

p102

숨은 그림을 찾아 ○표 해 보세요.

기획 콘텐츠연구소 수(秀)

우리 아이들이 말과 글을 어떻게 하면 재미있게 익힐 수 있을까, 잘 읽고 잘 쓰고 잘 이해할 수 있을까? 전·현직 교사, 학부모, 에디터 등 각 분야의 전문가들이 머리를 맞대고 아이들의 어휘력 향상, 문해력 향상을 위해 함께 고민하며 학습 교재를 만드는 연구집단입니다.

국어 교과서 따라쓰기 1-2
ISBN 979-11-92878-31-7 63700 ‖ **초판 1쇄 펴낸날** 2024년 10월 31일
펴낸이 정혜옥 ‖ **표지디자인 twoesdesign.com** ‖ **내지디자인** 이지숙
홍보 마케팅 최문섭 ‖ **편집** 연유나, 이은정 ‖ **편집지원** 소노을 ‖ **일러스트** 정지원 외
펴낸곳 스쿨존에듀 ‖ **출판등록** 2021년 3월 4일 제 2021-000013호
주소 04779 서울시 성동구 뚝섬로 1나길 5(헤이그라운드) 7층
전화 02)929-8153 ‖ **팩스** 02)929-8164 ‖ **E-mail** goodinfobooks@naver.com
블로그 blog.naver.com/schoolzoneok
스마트스토어 smartstore.naver.com/goodinfobooks
■ 스쿨존에듀(스쿨존)는 굿인포메이션의 자회사입니다. ■ 잘못된 책은 본사나 구입하신 서점에서 바꾸어 드립니다.

도서출판 스쿨존에듀(스쿨존)는 교사, 학부모님들의 소중한 의견을 기다립니다. 책 출간에 대한 기획이나 원고가 있으신 분은 이메일 goodinfobooks@naver.com으로 보내주세요.